AF366975

DE GENTES Y LUGARES

ExLibric

LOLI CARMONA

DE GENTES Y LUGARES

EXLIBRIC

ANTEQUERA 2021

LOLI CARMONA

DE GENTES Y LUGARES

A Teresa Moreno,
que ha escrito el prólogo y se ha paseado por mi poesía
con una sensibilidad que me ha hecho temblar.

Mención especial a María José Ruiz,
que ha hecho que este libro vea la luz.

Agradecimientos

A mi familia, testigo de mi quehacer literario.

Prólogo

De gentes y lugares es un libro de poesía donde Loli Carmona González emprende un viaje fascinante por algunas de las personas que han dejado honda huella en su vida, y por sitios, plazas y ciudades que impregnaron su inspiración; unos, de paso, y otros, como Antequera, forman plenamente parte de su vida.

Los poetas expresan la belleza a través de las palabras. Loli no lo hace desde una contemplación estática o a través de la reflexión, sino que alcanza el conocimiento poético mediante la inminente intuición, llegando en segundos a la esencia de las cosas y de las personas.

Toda la sensibilidad y la pureza de su lenguaje llano se vuelcan en este libro, donde los versos fluyen libres o en métricas que vuelan.

Inquieta de carácter y espíritu clama en uno de los versos:

«Tengo la certidumbre
de haber sido la eterna peregrina».

Con la naturaleza como principal fuente de inspiración:

«De camino voy y puedo observaros.
Árboles enclenques, vetustas encinas,
duros olivares».

Siempre mira lejos, y también hacia dentro:

«Desconozco
los antiguos misterios de la vida,
los inmensos secretos de la muerte.
No existe el tiempo. Solo es la distancia
de la muerte a la vida y a la muerte.
Por eso te conozco».

«Es preciso adormecer tan solo
la parte más externa de mi alma.
Entonces llegas tú. Oigo tu risa
y me adentro en tu muda superficie».

Pero sobre todas las cosas, Loli mira lo cercano: al amigo entrañable, al que vende pescado, al familiar querido como su pequeña nieta:

«Tiene mi niña chica
naranja y niebla,
perfume de azahares
en su cabeza».

Todos somos importantes si a ella llegamos como un ave sencilla que toca su inspiración. Mas en este libro hay personas ilustres, médicos, poetas, músicos, pintores, cantantes, artistas que han llegado a excelsas cimas y a los que Loli con gratitud y admiración evoca con versos preciosísimos.

Gran amante del piano, le canta al instrumento que elige para sus recitales y lo elogia:

«Eres voz prolongada de las manos,
pero tienes matices de mil voces».

Y también lo hace con sus intérpretes:

«Son tus manos utopías
que evocan mil sentimientos».

«El piano, el camino. Tus manos, la locura.
Mientras tus manos hablan palabras misteriosas,
nos inunda la música en éxtasis supremo».

La pintura, una de sus pasiones, se derrite en versos matéricos
y sugerentes cuando mira los cuadros de quienes magistralmente
los pintan:

«Puedo oler hasta el tiempo en tu pintura,
se me llenan las manos de pigmentos,
desmorono tus ocres con mis dedos».

«Pero todo está vivo en tu pintura.
Tus frutas son ternura con mirada».

También describe a ciertas voces privilegiadas y las contrasta

«Tu voz es rumor de menta
que se alza a las estrellas».

«Tu voz es como el ronco subir de la marea».

«Tu voz ha estremecido
la médula del hueso.
Se ha hecho nácar marino
y hierba en la pradera».

¿Qué es nuestra tierra sino un crisol de culturas que hilaron la historia? En su viaje poético Loli Carmona no se olvida de esta mezcla de civilizaciones como una riqueza más:

«Andalucía se mece
en el columpio de plata
que tejieron tantos pueblos
dándole su idiosincrasia».

El lirismo se vuelve más pletórico cuando describe su ciudad:

«De la ciudad que atesora leyendas
y silentes misterios: Antequera.

Ahora te reconocen, te proclaman
y saben de tu historia milenaria:
del Torcal, de la Peña, de los Dólmenes
Tu belleza escondida, ¡vieja dama!».

Y se torna sereno al caminar por su vega:

«Tienes, como los hombres sencillos, la armonía
y la paz de la tierra y su antigua belleza.

Laguna desecada, luz, cortijo: hoy Los Llanos
hablan de tu nobleza».

Y sonoro en su Plaza de San Sebastián:

«¡Campanas, no os silenciéis
que se inquietan las palomas!

Corred sin trabas de tiempo
desde una torre a la otra.
Encaramaos a los vientos.
Cruzad la insípida sombra
que se recorta en las calles
cuando tu voz no se asoma».

Y qué importante compartir, porque:

«Quizás, sin esa gota de lluvia compartida,
seríamos extraños tal vez eternamente».

Y, cómo, no nombrar al mar. Loli y el mar guardan una relación de años. Siempre escribe frente al mar, y si el mar no está, lo evoca.

«Sombras de luz. Fantasmas sin sentido.
Solo el mar. Siempre el mar ante mis ojos».

«Antigua fortaleza cuyas piernas
sumergen en la mar sus largos dedos.

Tu cabello ondulado se adormece
en colinas doradas . Tu ancha mano
se hace mar en la mar,
monte en el monte».

Y la ternura de sus versos:

«Ronda poética sueña
a la luz de las estrellas.
El Tajo es como una niña
que blandamente durmiera».

Y por último, los sueños y las estrellas se transfiguran en tinta
de ilusiones, de horizonte, o de no sé qué altas miras:

«Otros tantos senderos que el poeta
impuso al hombre con tenaz dulzura
en su largo camino a las estrellas».

«Yo soñaba y te veía
grande y hermosa, Antequera».

«Y los sueños son solo seres bellos
cuando no los tocamos.

Cuando son solo parte de la otra
vida que nos discurre».

Por fin, Loli Carmona en su viaje no llega a una estación terminal, pues cuando la poesía es el paisaje, el pasajero y el camino, solo existe la promesa de la infinitud como cierto y seguro destino.

María Teresa Moreno Rueda

GENTES

*A todas las gentes que,
a su paso por mi vida, me han emocionado.*

JOSÉ ANTONIO MUÑOZ ROJAS

A José Antonio Muñoz Rojas, insigne poeta.

Tu vida, ancha, profunda, verdadera,
trazó sencillas líneas en tu cara.
Otros tantos senderos que el poeta
impuso al hombre con tenaz dulzura
en su largo camino a las estrellas.

CRISTÓBAL TORAL

Hace solo unos días, en mi casa,
vi tu obra, Cristóbal, desgranarse
en una soledad que sueña estrellas,
en una soledad que bebe lirios.

Tus mujeres desnudas de equipaje
tienen un lastre inmenso de ternura.
El cuarto en donde están es solo el tránsito
de una vida a otra vida en un instante.

Pero todo está vivo en tu pintura.
Tus frutas son ternura con mirada.
La emoción fue tan grande que perdura
en mí la sensación cuando te escribo.

¿En qué piensas, Toral? ¿Qué te acontece
cuando pintas ternuras solitarias?
¿Cómo puedes pintar el desarraigo,
el devenir continuo de la vida?

También oí tu voz. Es solo parte
la respuesta que diste.
Tu pintura ha echado a andar
y tienes que alcanzarla
surcando rutas nuevas no aprendidas.

ROSA MIRANDA

Rosa. Tus ojos, Rosa.
Tu estructura quebrada.
Parece que la frágil porcelana
te cubre y pudiera romperse
en cualquier imprevisto.

Rosa. Tus ojos, Rosa.
Tu voz como un gemido.
¿De dónde sacas
esa dulzura inenarrable?
Porque tus ojos, Rosa,
y tu voz me enamoran.

María Victoria Atencia

Y ser yo misma el canto
de tu voz en la orilla.
Jacarandá frondosa,
María Victoria, amiga.

Ser alga, ser albahaca
de tantas primaveras
tan cercanas. ¡Qué torpes
son a veces los pasos!

Tu voz ha estremecido
la médula del hueso.
Se ha hecho nácar marino
y hierba en la pradera.

Tu voz, María Victoria,
es como un canto antiguo
que todos conocimos
una vez, y olvidamos.

Vicente Núñez

Me enteré de tu muerte por la palabra escrita,
por amigos que gustan de la poesía.
Es este mundo nuestro, Vicente, una patraña
que sabe pocas cosas y que olvida otras muchas.

Tuve la suerte inmensa de conocerte. Sabes,
porque te sé cercano, cuánto amo la poesía.
Cómo gocé aquel día en que, con tu buen tinto,
delectabas palabras, absorbías la vida.

Y no te sé decir cuánto siento tu muerte.
Amabas tanto, tanto, que te perdió la vida.
No sé cómo pensabas mil figuras escritas.

La noche silenciosa se cubrió de rumores.
Nos dejaste legados que superan la vida.

Se te ha caído el alma a los ojos. Tus manos
se te escapan al agua como la lluvia misma.
El mar se te ha dormido en la boca. Tus huesos,
Vicente, tienen letras y tu cara, preguntas.

TERESA

Teresa, pasear por tus fronteras
es llenarme de acordes y poesía.
Siempre vengo repleta del encuentro.
¡Qué cercana caminas!

FEDERICO GARCÍA LORCA

A Federico en su centenario.
Seguramente, en alguna estrella.

«Pero que todos sepan que no he muerto;
que hay un establo de oro en mis labios;
que soy el pequeño amigo del viento Oeste;
que soy la sombra inmensa de mis lágrimas».

Federico García Lorca

Desplegaba el azul y se teñía
de un rojo casi hiriente la amapola.
Desplegaba el azul cuando, en la aurora,
la risa de Granada se moría.

Tu risa, que era lirio y era noria,
y albahaca y limón y hierbabuena,
y dulce madreselva. A duras penas
puedo decir que se truncó tu historia.

Mas yo sé que no has muerto, Federico.
Oigo tu voz en el silencio amargo
de la tierra y del mirto.

Tus palabras traspasan las fronteras,
y te cantan los viejos en las calles,
los niños en la escuela…

PEDRO LAVIRGEN

Córdoba, lejana y sola.
La muerte tras de la puerta,
Pedro Lavirgen y Lorca.
Tu voz es rumor de menta
que se alza a las estrellas
y se acurruca en la siesta.

MIGUEL HERNÁNDEZ

Me pudo más el sueño. Tu voz, como una ola,
recorrió sin pudores rincones y penumbras.
Y me habló el hombre recio, como un antiguo roble,
pero con la ternura y tintura del lirio.

Silvestre como el campo, rompiste tu atadura
y se salió del cauce el anchuroso río.
El palomar de cartas quedó desperdigado,
pero sé que en la tierra encontrarán su sino.

Miguel, Miguel Hernández, poeta de Orihuela,
poeta de las tierras y los hombres. Abismo
que se abre en las gargantas resecas de las gentes
que no saben de amores, de almendros ni de amigos.

ME HABLÓ TANTO LA LUZ

Me habló tanto la luz de tus ojos desnudos,
la clara transparencia de quien todo lo ha dado,
la dulzura inefable de quien está de vuelta,
que supe de tu esencia sin conocer tu rostro.

¡Se esconde tanto anhelo en esa barba blanca!
Es un bosque de otoño con mil destellos propios.
Me pierdo en la armonía cromática del arte
y siempre encuentro al hombre que busca las estrellas.

¿Es la amistad acaso compartir soledades?

A Felipe, mi amigo

De la tierra, el sabor y la ternura.
Artífice de amor, el campo abierto
extiende su alma toda en un proyecto
de pasiones, de luz y de amargura.

Azul donde los haya y verdes campos,
y dorados paisajes otoñales.
¿Por qué cuando la luz anda a raudales
hasta se torna bello un triste manto?

Juega el rosa a ser rosa y a ser cielo,
a enredarse en la luz como la yedra,
a tener, por tener, en ágil vuelo

dorado el corazón, donde se quiebra
el tímido fulgor de algún lucero
la fantástica luz de una Nereida.

Felipe

Y era ayer en la tarde. Indescifrables
tus lienzos componían un universo
armonioso, cromático, sereno…
Una ciudad perdida, un campo abierto.

Una fiesta de rosas y de azules,
una inquietud de malva en tu mirada,
pero siempre callada y mansamente
en equilibrio y desorden conjurados.

Tienes puertas abiertas y caminos
por los que echar a andar sin detenerse.
Deambular, deambular, ser una pausa
en cualquier criptograma inaprendido.

A Juan Carlos Pastrana

A Juan Carlos, en su exposición.

Tiene tu llave visos de misterio,
Juan Carlos. Se me ocurre
que es la mágica llave de tu vida
y flota en el vacío.

Pero no es el azar quien la ha sacado
del mundo de los sueños.
Es la clave, como siempre enigmática,
de antiguo jeroglífico.

Es la llave que abre una y mil puertas
que traspasan la vida.
Merodea, silenciosa, por tu entorno
buscando tu refugio.

Déjala estar. Quizás si la utilizas
rompas su sortilegio.
Y los sueños son solo seres bellos
cuando no los tocamos.

Cuando son solo parte de la otra
vida que nos discurre,
mientras que nuestro cuerpo es acunado
por los dioses terribles.

Y tal vez se mostraran airados
si queremos turbarlos.

HASSAN

Hace ya algunos años que mi hermano
nos presentó, Hassan, y no he sabido
cómo darle las gracias una y mil veces
porque somos amigos.

¡Hoy quisiera decirte tantas cosas!
Son muchas las contiendas que he vivido
y gracias a tu buen hacer, Hassan,
hemos sobrevivido.

Recuerdo las meriendas con pasteles
que traías del Líbano. Dichosa
María Teresa, atenta, nos servía
manjares deliciosos.

Nos abriste horizontes imposibles.
Eras un hombre exótico y lejano.
Pero siempre nos diste con cariño
caminos impensados.

Por eso hoy quisiera presentarte
como un gran doctor en psiquiatría.
La persona cercana que aparece
una vez en la vida.

RUMORES DE LA CALETA

A Ángel Sanzo, en su concierto
"Rumores de la Caleta": voz y piano a la vez.

Entre Málaga y Granada
mi corazón aletea.
Tus manos son dos palomas
que van al puerto ligeras.

¡Ay, Sevilla, de mi alma,
la de las niñas morenas!
Te estoy soñando en un patio
que huele a azahar y menta.

Hay una gitana brava,
blanca y negra vestimenta,
que se mueve a los requiebros
que el pianista le tienta.

Pocas noches como esta,
Ángel, con tu musa puesta,
has interpretado a Albéniz
con sabor a castañuelas.

Entre Málaga y Granada
mi corazón aletea.
Tus manos son dos palomas
que van al puerto ligeras.

Falla se me mete ahora
como una ninfa en las venas.
Ritmo, gritos, carcajadas,
emociones y cadencias.

Está la niña en el patio
y es una niña morena.

A Pepe Sanzo

Lágrimas del piano,
no sois negras ni blancas.
Sois como el arco iris
y morís irisadas.

Ora en las altas cumbres,
ora en la vega callada.
Como pájaros breves
galopáis las entrañas.

Tenéis… ¿tenéis un nombre?
¿No fue en la tarde aquella
cuando vi en tus mejillas
de carmín una perla?

Eran lágrimas tuyas,
piano. Madreselvas
que en el pelo inconsciente
buscaban una estrella.

¡Ay, piano! Tus sones,
delicadas cadencias,
huracanes que rugen,
volcanes que me queman.

En los dedos de Sanzo
vuestra quietud inquieta,
un carrusel de amores
se me antoja que fuera.

Y vibro, y me encabrito,
y tu música llega,
y se torna alegría
la estancia más patética.

Pepe, que con sus dedos
de marfil juguetea,
rincones donde el alma
solo guarda tristezas.

EL PIANO

Te veo venir sobre la bruma verde
de la brisa del norte de mis sueños.
Te desvelas excelso entre las brumas
y ni me atrevo a preguntarte el nombre.

Me trasladas sin pausas y sin prisas
a la intemporalidad de tus acordes.
Grito, lloro, me río, soy alada
y floto como un pájaro encantado.

Galopo, troto, corro entre tus notas,
sin vergüenzas, desnuda de mí misma.
Me transportas a tu escalera blanca
donde se me desvelan los misterios.

Eres inerme y vibras al contacto
suave de la mano que te toca.
Tienes un alma grande, gigantesca,
donde tienen cabida los anhelos.

Eres voz prolongada de las manos,
pero tienes matices de mil voces.
Ora gritas, susurras o te exaltas
en lenguaje de todos conocido.

Tienes color y forma. Eres violeta
o verde o amarillo. Tienes nombre
y tienes, sobre todo, sentimientos
en el marfil y negro de tus teclas.

Joaquín Pareja Obregón

¿Qué haces con el piano,
Joaquín, que me sabe a gloria?

Cabalgan en mi memoria
fandangos y bulerías.
Son tus manos utopías
que evocan mil sentimientos.

Tu cuerpo vibra. El recuerdo
de las coplas de tu padre
se hace tangible. Hasta el aire
se detiene para oírlas.

Te veo de niño en tu casa
con los grandes de la copla.
Con tus manitas de niño
y en el piano ¡tus notas!

¿Qué haces con el piano,
Joaquín, que me sabe a gloria?

SIEMPRE SERÁ NOVIEMBRE

*A Joaquín, tras haberme hecho volar
con su música a universos impensados.*

Siempre será noviembre en tu música, amigo.
No importan los acordes de tus mágicas manos.
Paseo por tus notas como si fueran unos
caminos milenarios por los que yo transito.

Me has abierto las puertas del mar, de las ciudades.
Barquichuelas danzantes se mecen en las aguas.
El viejo organillero nos deleita con sones
imposibles que siempre nos llenan de alegría.

Y nos llevas al pórtico sagrado de la Virgen.
La muchedumbre clama en la cuesta su nombre.
Tu música se torna una lluvia de pétalos
que nos caen en las manos como una canción única.

Me llevas, me conduces a rutas impensables.
El piano, el camino. Tus manos, la locura.
Mientras tus manos hablan palabras misteriosas,
nos inunda la música en éxtasis supremo.

Antequera se asoma, señora, a tu piano.
Recorremos sus calles prendados como niños.
Tu piano solloza los acordes de siempre
y se llenan las almas del néctar de los dioses.

JESÚS CONDE

He estado en el umbral. Me ha sorprendido
el no poder entrar. Las intangibles
presencias que has pintado lo impedían.

He estado en el umbral y no he podido
adentrarme en tus rutas milenarias
que has frecuentado con mil cromatismos.

Puedo oler hasta el tiempo en tu pintura,
se me llenan las manos de pigmentos,
desmorono tus ocres con mis dedos.

¿Cuándo fue que anduviste esos senderos
de entrada a mi jardín, siempre soñado
de amor y desamor hasta lo exánime?

Yo he estado en tus ruinas y palacios,
Jesús, y me pregunto cómo puedes
mostrar las puertas de senderos mágicos.

Porque solo el que sueña esas estancias
puede acercarse tanto que al narrarlas
el alma se disuelva en mil colores.

Pepe Jiménez

Pepe Jiménez,
pintor de vista errante.
viajero que anduvo mil andaduras
sin encontrar ningún puerto
que lo llevara hasta el mar azul
de sus ojos ciegos.

PINTOR INCOMPRENDIDO

A Antonio Alamilla Carmona, primo, pintor y amigo.

Llegaste de la urbe, de la gran urbe, Antonio,
con un bagaje inmenso de sueños empaquetados.
Te quisieron meter, ¡pájaro distraído!,
tus sueños en prisión por indocumentados.

Llegaste de la urbe de cielo inalcanzable
con luces de esperanza destellando en tus ojos.
Te quisieron robar tu mágica atadura
y dejar en barbecho tu campo y sus rastrojos.

Mas eres perro viejo en esto de los hurtos
y no dejaste a nadie profanar tu sagrario.
Te vuelves a la urbe repleto de esperanzas
con tu eterno bagaje de sueños para armario.

Ahora, a pensar en gris y adivinar colores.
A ver el arco iris en los mil rascacielos,
a deambular amores entre desconocidos,
a plasmar del pasado tus presentes anhelos.

A modelar figuras soñando fantasías.
A estrangular el hambre en un perro caliente.
A dejarte los ojos, el alma y tu poesía
en esta obra tuya que no entiende la gente.

ANTONIO ALAMILLA CARMONA

Alto, tu pelo blanco, tu bondad en los ojos,
tu voz tan mesurada que se torna caricia.
Eres, Antonio, grande como tu cielo íntimo.
Tienes las primitivas raíces de la tierra.

Hoy, nombrado académico por tus dones, Antonio,
tu antigua libretilla donde anotas ternuras,
me has parecido como un hombre de otros tiempos
y caben en tu alma torcales infinitos.

Allende los mares sueñas con Antequera,
con su Cueva de Menga y chaparros y hormigas.
Caminos y paisajes en la historia que siempre
y siempre se repiten. Es, Antonio, tu vida.

TOTA BAILANDO

La falda cabalgaba tus caderas
con un ritmo incesante. Era tu cuerpo
una vibración pura, un claro anhelo
sin duda al descubierto.

Te podía la música. Bailabas
incluso lo impensable y anodino.
Agujas de croché, tu fantasía.
De colores, el hilo.

Yo te sabía turquesa en la mirada
y franca con amigos, desenvuelta.
Pero la dualidad música-Tota
se me quedó modesta.

TOTA CANTANDO

Tu voz es como el ronco subir de la marea
con toda la amargura de sus ayes profundos
y todo lo brillante de su cutis turquesa
cuando el sol la pretende herir sin conseguirlo,
o la luna recorre sus caminos de estaño.

LAUREANO

Laureano, reciedumbre
hecha de sol y poesía.
Lamento dulce del campo
Voz de la guitarra mía
que soñó con toros bravos
mientras el sol lo bruñía.

Laureano, el que conoce
a poetas y toreros.
Luna blanca, Federico,
que entre trigales y aperos
sintió tu muerte en la sangre
y escribió a Fuente Vaqueros.

Laureano, fruto fresco,
maduro ya por la tierra
¡Cuántos soles, cuántas lunas
en tantas luchas internas!
Hasta los simples garbanzos
se hacen poesía en tus venas.

Laureano, Hemingway,
Gabriel y Galán… Contemplas
a tantas almas distintas
desde tan sencilla tierra
que me descubro ante ti,
Laureano, de Alameda.

A UN POETA

Siempre estuviste aquí mientras mi ser cansado
caminaba sonámbulo en búsqueda perpetua.
Son siempre los caminos tránsito insuperable.
Siempre los caminantes viajeros perdidos.

Siempre estuviste aquí cuando se abrió la noche,
cuando todo el silencio se acumuló en cascadas,
cuando ríos eternos componía la lluvia
y se me fragmentaba tanto dolor sentido.

Y tú estabas en otro resquicio del ocaso,
absorbiendo matices, surcando tempestades.
Quizás, sin esa gota de lluvia compartida,
seríamos extraños tal vez eternamente.

Soneto a Ramón Pino

No he ido a verte, Ramón. Siento tu muerte
como sentí tu vida desgarrada.
Filósofo de amor, sé que morabas
con motos y pincel en otra estancia.

Tenías el corazón como la olla
del cuadro de *La espuela*. Un explosivo
siempre por estallar, siempre enredado
en cuadros, esculturas y amigos.

Tu pasión era Rosa. Tu locura,
inventar universos habitados
por poetas, pintores y ternura.

Para hacer esta casa nos has dado,
Ramón, todo tu afecto y tu alma pura.
¿Sabremos compartir tu gran legado?

¡Ay, Rosa!

¡Ay, Rosa! ¿No te han dicho que tus ojos
son como grandes lagos encantados
donde buscar luciérnagas?

¿Acaso no te han dicho que en tu pelo
juguetean las ninfas de los bosques
para reír contigo?

Por eso se te asoman la ternura
y la paz a tu rostro
como en una historia de sirenas.

Hasta ayer solo supe que eras Rosa,
amiga desde siempre. Hoy sorprendo
a la antigua viajera.

A María Carreira

María, sin matices.
María, sin palabras.
María, sombra fresca
donde retoza el día

¿Dónde estabas antaño
cuando anduve tan sola,
cuando uno era el camino
y era tu río mi río?

María, mil matices.
María, la palabra.
María, concha llena
donde esperar el alba.

ESTÁ LA NOVIA PRECIOSA

Está la novia preciosa.
Hay un aroma reciente,
nardos, orquídeas y rosas,
luce Mavi sonriente.

Morena como la luna.
Alta como las estrellas.
La novia, verde aceituna
entre las bellas, es bella.

Tiene el novio una sonrisa
de bondad recién cortada.
En los ojos, la ternura,
y el amor en la mirada.

El padrino es compostura
y gravedad acongojada.
Es la vendimia, la uva
su hija recién casada.

La madrina es la emoción
y la madre satisfecha.
Más que ella, es su corazón
quien se asoma a la compuerta.

Pura Cobos

Y no te recordaba.
¡Qué extrañas sinrazones
recorren la memoria
y se tornan en olvido!

Al decirme ayer tarde
lo de tus castañuelas,
tuve una imagen límpida
de la niña y sus rizos.

No me preguntes cómo
se desdibujan siempre
las cosas más preciadas,
¡deshojada amapola!

Sólo en la orilla misma
del mar siento sus olas
y me sumerjo en una
inquietud apacible.

Lo de la luz es algo
que se intuye tan solo.
El color, las vivencias
de lo que compartimos.

Hemos andado tantos
senderos divergentes…
¡Y ya ves! Descubrimos
la ruta más antigua.

TE DEBIERAN DECIR

Te debieran decir
la niña de las piedras.
Desgranas amatistas
de un collar sin medidas,
mientras, meticulosos,
los corales aguardan
ser lucidos por alguien
que les confiera vida.

Siempre que paso y miro
veo tu pasión de cuentas.
Tienes magia en la forma
de engarzar los caminos.
Corales, amatistas, lapislázulis quieren
ser lucidos por alguien
que les confiera vida.

Carolina del Alba

Carolina del alba, son tus voces
antiguas compañeras de viaje
que recorren mi cuerpo. Mi garganta
enmudece al oír tanta ternura.

Alguna vez, en otro tiempo, ignoro
cómo fue, pero juntas compartimos
un pedazo de cielo que la luna
suele alumbrar como retazo propio.

Lo supe al verte. ¡Supe tantas cosas,
que no puedo expresarlas! Desconozco
los antiguos misterios de la vida,
los inmensos secretos de la muerte.

No existe el tiempo. Solo es la distancia
de la muerte a la vida y a la muerte.
Por eso te conozco. Tus ajorcas
tintinean al alba en mi sendero.

GERTRUDIS

Gertrudis, alto pájaro que, emigrante del norte,
vino a posar sus ojos en este mar inmenso.
¡Pájaro de las cimas! Te rompieron las alas
los alambres rastreros de los hombres sin alma.

Pero no consiguieron menguar tus dimensiones.
Estás muy por encima de esas vidas ruines.
Por eso, aunque el lenguaje nos torne tan distantes,
Gertrudis, hace tiempo descubrí tu alma grande.

GAVIOTA DEL MAR

Esos días, Gertrudis, ¿los recuerdas?
Gaviota del mar, siempre en la orilla,
erguida. En lontananza la mirada
que tantas cosas guarda tras los lentes.

Esos días, Gertrudis, otros mares
recorrerás sin pausa día a día.
Piensa siempre, Gertrudis, vieja amiga,
que es el mar, solo el mar, nuestra frontera.

SARDINAS D'ALBA

En tu bicicleta, con tu *pescaíto*
recorres las calles vendiendo milagros
de blancas escamas que al sol centellean.

Las sardinas frescas, sabroso bocado
que pescaste al alba y que ahora voceas:
«¡Niña, la sardina! ¡Sardinas d'alba!»,
mientras pedaleas.

Tienes la dulzura del mar en tus manos.
Tienes su bravura, su luz en tus ojos.
Llevas el perfume del mar en tu cuerpo.

Llevas los regalos del mar en tus cestos
mientras voceas: «¡Que me voy, mujeres!
¡Que llevo jureles! ¡Niña, el boquerón!».

Y tu voz se queda como una plegaria
del mar en el aire y el eco resuena:
¡Sardinas d'alba! ¡Niña, los jureles!

CARLOS

Carlos, Carlitos, Carlillos,
Carlitranco, pesadilla
de pintores y poetas,
músicos y concertistas.

¡Siempre sus gafas! Moreno,
enjuto, nervioso, serio,
ensimismado en sus cosas.
Su casa en el universo.

Su vicio oculto, pintar.
Es de oficio «musiquero»
y ayudante de cultura,
que ayudar es su venero.

¿Qué te he decir yo, Carlos,
que por no saber siquiera
sé decirte tu apellido?
Eres todo una quimera.

Vives en el borde mismo
donde realidad y ensueño
comparten sus ambiciones.
¡Creo que no has tenido dueño!

Eso sé, eso es tan solo,
Carlos, lo que esta poeta
intuye acerca de ti,
por tu singular manera
de recorrer los caminos
que traspasan las fronteras.

JOSEFINA

Pienso en ti, Josefina.
Tus silencios
tienen aromas frescos
de jengibre, de albahaca, de enebro.

Pienso en ti, Josefina.
Me has mostrado
a retazos, a versos,
recónditos senderos de tu alma
¡quizás no descubiertos!

Pienso en ti, Josefina.
Paralela,
la Madina Antakira se embelesa,
bebe sorbos de luz en tus pupilas.
y se duerme en las trémulas
ternuras de pinceles amorosos
con que tú la cortejas.

TITO PEPE

Menudo, enjuto, pausado,
aviejado por la vida.
Parco en palabras, sencillo,
dulce como la poesía.

Indeciso, temeroso,
de entablar luchas antiguas
vive Pepe sumergido
en otras filosofías.

Le gusta cantar. Su cante
por Marchena es maravilla,
que no conocen siquiera
los miembros de su familia.

Si con él hablas y gustas
de las cosas más sencillas,
tal vez te relate algo
de lo que sabe a escondidas.

Bueno como el pan.
Amigo de lotos y loterías,
tiene esperanza secreta
de ser millonario un día.

¿Qué quieres que diga, tito?
No sirves para esta vida,
te hicieron de materiales,
de sueños y fantasías.

RECORTADO EN LA ESQUINA

Recortado en la esquina, rectangular y negro
tu bolso me mostraba tus íntimos secretos,
secretos de la esposa abnegada y paciente,
secretos de la madre que alberga mil cosechas.

Recortado en la esquina. Como siempre, esperando,
dejando que la vida te transcurra y te surque,
con el arado a mano, bien sujetas las riendas
y la sonrisa abierta a cualquier viento frío.

Adiviné tu cara, tu silueta en la esquina,
en el cuadro preciso y anguloso del cuero.
Sola, como se quedan los hombres en la vida.
Firme, con la entereza de quien ganó la lucha.

Recortado en la esquina. ¡Cuánto amor en la espera!
¡Qué silueta anacrónica desdibujó mi espíritu!
¡Qué caricias respiran tus cabellos canosos!
¡Qué vendaval de amores tienen tus carnes prietas!

Porque estás en la esquina. Un ángulo preciso
de tu bolso me ha dado segura referencia.
Lo demás fue la tarde, la llegada inmediata
del verano quien hizo que recorriera ahora,
como tú, tanta vida. Solo que… ¿no estoy sola
esperando en la esquina?

TUS MANOS

Tus manos. ¡Ay, tus manos! No murieron
a la par que tu cuerpo. Se quedaron
en espera de atesorar caricias
que llevar como equipaje tierno.

Estuvieron al borde de las horas
como un extraordinario equilibrista.
Y no las alcanzó la negra bruma
y esperaron, pacientes, el traslado.

¿Cómo estarán tus manos? ¡Ay, tus manos,
que supieron amar como las olas!
Tan tiernas, tan suaves, tan enérgicas
y ahora, de pronto, de repente, ¡solas!

ANTONIO

Antonio, el rubio Antoñito,
predilecto de la abuela,
el que las tardes de nidos
siempre faltaba a la escuela.

El que antes de los seis años
se escapó por vez primera
abriendo una cerradura
con una horquillita ingenua.

El que rompía los juguetes
que le ponían resistencia
para un examen completo
de su clara inteligencia.

El que, aunque lo machacaran,
no cedía un palmo siquiera
y decía a mamá Dolores:
«¿Y tú? Que eres una mesa».

El corazón generoso
que compartía lo que hubiera
y que era el único nieto
que tuteaba al abuelo.

Antonio, el rubio Antoñito,
predilecto de la abuela.
El que las tardes de nidos
siempre faltaba a la escuela.

El que ganaba concursos
de pintura, sin siquiera
haberle enseñado nadie
lo que era una acuarela.

El que hizo estudios nocturnos
cuando tuvo la certeza
de que conviene estudiar,
aunque no nos lo parezca.

El que espantaba a los novios
cuando no creía que fueran
lo que más le convenía
a sus hermanas solteras.

El único que se opuso
a mi convento y sus rejas,
conociendo mi carácter
y cómo odio las barreras.

Antonio, el rubio Antoñito,
predilecto de la abuela.
El que las tardes de nidos
siempre faltaba a la escuela.

El que arregla los motores
cuando peritos los dejan
y se inventa nuevas formas
para mejorar la empresa.

El que se metió a político
por mejorar a Antequera
y antepuso sus funciones
a su negocio y a Elena.

El que no charla, avasalla,
cuando cree que sus ideas
son ciertas y el oponente
pueda dudarlo siquiera.

El que colecciona sellos,
antigüedades, monedas
e incluso pesadas llaves
de cuando la bisabuela.

Antonio, el rubio Antoñito,
predilecto de la abuela.
El que las tardes de nidos
siempre faltaba a la escuela.

CHARLI

Con el mar en las pupilas
y sardinas en las manos
vive Charli. Casa Blanca,
«sardinas al pronto pago».

Ha rodado por mil mundos.
¡Hasta estuvo en un naufragio!
Viene de vuelta, tranquilo
amable, franco, delgado.

Con el mar en las pupilas
y sardinas en las manos
derrama Charli cariño
en espetos engachado.

Es amable con los niños.
Vive lejos. A diario
recorre los mil caminos
que su fantasía ha engendrado.

Si lo ves serio, no pienses
que esté contigo enfadado,
es que vendrá de algún mundo
y aquí se sentirá extrañado.

Yo no te conozco, Charli,
mas por lo que te he tratado,
creo que eres buena persona.
¡Sardinas al pronto pago!

RICARDO

La banca, extraña casa para albergar poetas.
Ricardo, ¡paradojas que nos muestra la vida!
¿Duermen tus fantasías inversiones bancarias
o subsiste tu arte como efebo romano?

La banca, extraña casa. Ricardo, me pregunto
si serán amarillos tus campos de amapolas,
si tu mar se ha inundado de fósiles humanos
o usas salvoconducto anticontaminante.

Es extraña la casa donde vives, poeta.

FEDERICO

Es muy tarde, Federico.
Vienen los cuatro muleros
cantando por el camino.

Toda mi infancia es pueblo.
Toda tu risa es música.
Toda tu vida es muerte.

Yo soñé que te encontraba
con el niño de la fragua
lleno de estrellas de plata

Y me sumí en la amargura,
«verde que te quiero verde»,
vagando por mi cintura.

Tenías canciones de espuma
paseando por tus manos,
hipnotizando a la luna.

Vienen los pelegrinitos
que se casaron en Roma
cantando por el camino.

JAVI

La risa de tus ojos es un mar encantado.
Cuando miras, rumores de cantos infinitos
se meten en el alma. Es tanta la ternura
que me estremezco y siento tintineos de estrellas.

Eres lo más hermoso que yo haya contemplado.
Tan blanco, tan risueño. Un secreto de amor
se apodera de todos los que te miran, Javi,
mi Javito precioso, mi alegre corazón.

No expreso lo que quiero, ¡yo te diría tanto!
Son tantas emociones rugiendo en mi interior
que no puedo decirte cuánto te quiero,
mi dulce niño bueno, mi tierno ruiseñor.

NANA A PAULA

Tiene mi niña chica,
naranja y niebla,
perfume de azahares
en su cabeza.

Tiene su cuerpecito,
menta y canela,
rincones de caricias
de primavera.

Y tienen sus ojitos,
mares y almendras,
lagos de atardeceres
y de quimeras.

Cuando duerme mi niña,
¡dulzura tierna!
Mil luceros se asoman
y me la velan.

Tiene mi niña chica,
mares y almendras,
perfume de azahares
en su cabeza.

Mi niña se ha dormido.
Luna y estrellas
se van muy despacito
por sus veredas.

CELESTE Y AZULÓN

Celeste y azulón, chal en los hombros,
luce hoy el mar sereno y mañanero.
En sus brazos, lejano, un barquichuelo;
en los míos, mi rosa más preciada.

«Mamá, ¿por qué en el mar hay dos colores?
Mamá, me ha dado frío». Y se acurruca.
Es mi hija Esther, sensible y temblorosa.
«¿Qué has puesto ahí?», me dice. Yo la beso.

CUANDO NOS CONOCIMOS

Cuando nos conocimos, tu piel de madreselva
traía los intensos olores de la mar.
Yo soñaba tu boca y tu voz y tu pelo,
y en el alféizar mismo te dejé de soñar.

Pero me habías mostrado los senderos ocultos
que caminan ignotos, peregrinos sin par.
Yo me adentré por ellos y tuve la certeza
que era mi sola ruta en la que debía andar.

Y conocí por ella seres no imaginados
ebrios de amores, locos de inquietudes.
La mar se me mostraba siempre con hechizos de luna,
rielaba mi camino, alentaba mi afán.

Hoy de nuevo te encuentro. Apenas has cambiado.
Tus alforjas, repletas de tesoros, están
un poco más gastadas, pero oí las ajorcas
que titilan alegres en tus pies al andar.

CARMELITA

«Antes muerta que sencilla»,
dijo Carmen aterida.
En sus torneadas piernas
temblaban las pantorrillas.

Toda vestida de negro.
Zapatos de aguja fina.
Riguroso Viernes Santo,
pero con saya y camisa.

El abriguito, por negro,
es de paño y se adivina
un cuerpo que se estremece
entre fervor y llovizna.

Está pasando la Virgen,
tan preciosa y exquisita,
y mi Carmen piensa y piensa
en el sol de su Sevilla.

Pero ella sigue rezando.
Negra silueta, precisa
si cogerá un *resfriao*
o será una pulmonía.

Es tanto el frío que siente,
hace una noche tan fría,
que se deslizan dos perlas
congelás por sus mejillas.

LUGARES

A aquellos lugares que me han inspirado.

A ANTEQUERA

Hoy soñé que te decía
una poesía, Antequera.

Estaban tus calles quietas
como una pintura vieja,
y el amanecer teñía
de luz celeste la Peña.

Hoy soñé que te decía
una poesía, Antequera.

Estaba el viejo Castillo
lleno de su fortaleza
con sus millares de moros
rendidos entre las piedras.

Yo soñé que te decía
una poesía, Antequera.

La hermosa Santa María
me miraba dulce y quieta
como queriendo inspirarme
con su hermosura y belleza.

Yo soñaba y te veía
grande y hermosa, Antequera.

Eran tus calles senderos
de una histórica leyenda.
Tus mil campanas, llamadas
que de otros tiempos vinieran.

Yo soñaba y te tenía
en mi poesía, Antequera.

Te tenía como madre
de mi esperanza más tierna,
de aquel ensueño lejano
que despertó con tu vega.

Yo soñaba y tú nacías
niña en mi alma, Antequera.

Nacías con tus campanas
con tu Torcal y tus cuevas.
Y nacías con tu esfuerzo,
con tu singular nobleza.

Yo soñaba y te veía
más nueva y vieja, Antequera.

Eras más vieja, más mía
toda conventos e iglesias.
Eras más joven, más niña
emprendedora y risueña.

Yo soñé y entreveía
tu porvenir, Antequera.

Tu porvenir de matrona
de las más fértiles tierras
dando cada día el sol
a la más extensa vega.

Yo soñaba y tú dormías
puesto ya el sol, Antequera.

ANTEQUERA

Antequera en la tarde y tras los montes.
¡Detente, viajero, en tu camino!

Esa vega anchurosa, que aparece
en la tarde rendida ante tus ojos,
es de Antequera y sabe de rumores,
de ríos y de soles implacables.

Tiene una Peña erguida, enamorada,
crónica de la historia y que recuesta
su cabeza ondulante entre los campos
que el Guadalhorce besa.

Tiene en sus tierras duros labradores
que saben de la vida y las estrellas,
y una huerta de frescor apacible
donde el alma se templa.

Arriba está el castillo, que vigila
la ciudad y su vega.
Entra en ella, viajero, y no te turbe
la antigua fortaleza.

Ni el repicar continuo
de continuas iglesias,
ni los patios sombríos,
ni las mujeres bellas.

Sábete solamente
que estás en Antequera.

TORCAL DE ANTEQUERA

Hoy te he tocado, Antequera.
Palpé la cara maciza
de tu Torcal y mil lágrimas
recorrieron mis mejillas.

Hoy te he vivido, Antequera.
He sentido la semilla
de mil seres germinando
y aunándose con mi vida.

En tu Torcal, con tus líquenes
contrasté la anatomía
de este hacerse y deshacerse
en una pugna continua.

Entré en tus torcas temiendo
deshacer la maravilla
que aguas y siglos formaron
en dualidad tan sencilla.

Hoy he tocado, Antequera,
tu vida más primitiva.

PLAZA DE SAN SEBASTIÁN

¡Campanas, no os silenciéis
que se inquietan las palomas!

Corred sin trabas de tiempo
desde una torre a la otra.
Encaramaos a los vientos.
Cruzad la insípida sombra
que se recorta en las calles
cuando tu voz no se asoma.

¡Campanas, no os silenciéis
que se inquietan las palomas!

Ni saben volar. Sus alas,
intrépidas burladoras
de los vientos más audaces,
se adormecen si a la hora
que acostumbra no resuena
tu voz como otra paloma.

¡Campanas, no os silenciéis
que se inquietan las palomas!

Vago de mi sombra etérea
a otra sombra que me ronda
cuando, cruzando tu plaza,
me saludan las palomas
con su alborotado vuelo
que va de una torre a otra.

Y si os silenciáis, campanas,
¿qué será de las palomas?

¿No copian con sus arrullos
acaso tu voz? Denotan
en su cuerpo tu silencio
y tu alegría más honda.
Repican con tus repiques
y hasta retozan a gloria.

¡Campanas, no os silenciéis
que se inquietan las palomas!

Está la plaza desnuda,
campana, si tú no tocas.
San Sebastián desde el cielo
hasta dirá palabrotas
si a tu silencio, campana,
se me inquietan las palomas.

DESDE MI VENTANA

Es esta luz suave y prodigiosa
que acaricia de rosa tu estructura,
y penetra en los huecos de mis sueños,
la que, sin vacilarlo, me despierta.

Y mientras todo duerme, tú lo bañas
con tu mágica luz amanecida,
con el trinar secreto de los pájaros
y el halo misterioso de la vida.

A hurtadillas recorres la silueta
de torcas y de iglesias de la Antigua.
De la ciudad que atesora leyendas
y silentes misterios: Antequera.

Ahora te reconocen, te proclaman
y saben de tu historia milenaria:
del Torcal, de la Peña, de los Dólmenes.
Tu belleza escondida, ¡vieja dama!

Pero la luz suave y prodigiosa
que hoy te baña y recorre tu silueta,
y que torna rosácea tu figura
conoce tus historias y leyendas.

POSTIGO DE LA ESTRELLA

Acaso fue la tarde que me hundió en tu rostro,
dulce luna de agosto de amor ataviada.
Tu luz es como el aura de una dichosa novia.
Tu resplandor, el cielo que yo siempre he soñado.

Dicen los que te miran que es tu mirar celoso,
que se quiebra en la noche encendiendo pasiones,
un halo misterioso que a todos nos conmueve
y resuena en el alma como una canción única.

Esta noche de agosto vienes sembrando amores.
Tu galán, el Postigo de la Estrella, mocito
arábigo-andaluz que escondió tu belleza
en el gozo supremo de su negrura íntima.

Por eso, en esta noche de mágicos destellos
convoco a los presentes a dialogar contigo,
blanca luna de agosto, y a compartir amores
en esta hermosa noche cuajada de luceros.

ABATE FARIA

Te encuentras ahí arriba
atisbando el paisaje.
¿Cuántos siglos han visto
tus fríos ojos pétreos?

Hace ya algunos años
te bautizó mi padre
y pienso que el acierto
no pudo ser más digno.

¿Quién construyó tu efigie
de monje solitario?

Tus ojos desprovistos
de pupilas ardientes
tienen el magnetismo
de lo que siempre estuvo.

Y cuando nos mudemos
a confines eternos,
tú escucharás el paso
de los que nos reemplacen.

Quizás eres cronista
y vigía perpetuo.

Pero recuerda siempre
que tu nombre ficticio
te lo dio un hombre sabio
y sencillo del campo.

PREGUNTÉ A UNA CARACOLA

Pregunté a una caracola
que vi a la orilla del mar:
«¿Dónde se rizan las olas
y entretejen de coral
su blanca bata de cola?».

Me respondió marinera
que es Málaga hospitalaria
la que teje con solera
y ternura milenaria
las aguas de España entera.

Plaza de San Sebastián
que se recorta en el cielo,
Santa María, el Torcal,
la Peña y el Portichuelo.
¡Qué bonita es mi ciudad!

Antequera, por su amor,
Málaga, por su alegría.
Cantaros quisiera yo
como canta el ruiseñor
cuando se despierta el día.

DE VIAJE

Montes, montes, montes
con un atrevido horizonte ondulado.
Árboles etéreos, retorcidos troncos,
ramas transparentes,
como una plegaria de la tierra agreste.

De camino voy y puedo observaros.
Árboles enclenques, vetustas encinas,
duros olivares y casas dispersas
como un Nacimiento.

Montes, montes, montes de Antequera a Málaga.
Verde terciopelo, un pinar aislado
descansa la vista, hecha a lo parduzco.
Los tibios rastrojos, burros panza arriba,
serenan el alma.

Y entramos. Palmeras nos salen al paso
y nos acompañan por Ciudad Jardín.
Estamos en Málaga. La ciudad despierta
con su natural y dulce alegría,
y se despereza con los duros brazos
de los edificios.

SOL Y CAL

De ti, pequeño pueblo, me han pedido que hable
cuando ya mis raíces salieron de los campos
para andar los caminos que andamos sin saberlo
y luego desandamos.

De ti, porque es tu fiesta. Cumples los veinticinco.
Eres mocito alegre, sol y cal, y bravura.
Tienes la delicada sencillez de la tierra
y toda su ternura.

Duermes como los lirios, con el cielo por manto
te afanas en el día y cuando sueñas, luego
los cereales cantan la dulce melodía
que brota desde el suelo.

Tienes, como los hombres sencillos, la armonía
y la paz de la tierra y su antigua belleza.
Laguna desecada, luz, cortijo: hoy Los Llanos
hablan de tu nobleza.

LOS LLANOS

Hoy he buscado, sin saber, tu huella
y se me ha desgranado la cordura.
He vuelto a la niñez, cuando en la era
formábamos pirámides de trigo.

Cuando absortos contábamos estrellas
y veíamos el trajinar del día.
Cuando, entre adelfas, buscábamos ranas
y nos mojábamos, ávidos de río.

Hay en tu vega, sol y cal, un pueblo
que sabe de labranzas y llanuras.
Con veinticinco años florecidos
es mocito juncal y con bravura.

Bebe a sorbos el sol y hace más bella
la sencilla belleza de los campos.
Se duerme bajo el cielo y es su estela
una estela de luz y amor.
¡Los Llanos!

¡OH, LLANURA!

¡Oh, llanura! Tu tierra abierta al mundo
tiene que aguantar embates del viento,
ser madre de las más duras heladas
y abrirte en dos cuando el sol
se derrama sobre ti con toda su firmeza.

¡Oh, llanura! Tú sabes de nieblas mañaneras,
de duros campesinos con caras
avejentadas a destiempo,
del silbido del viento en tus oídos.

¡Oh, llanura! Te llenas de sutiles fragancias
cuando en la primavera mil minúsculas flores
tejen sobre ti una alfombra deleitante.

Por eso, llanura, los que conocen fríos y nieblas,
y a caballo de los vientos, recorren este mundo
de escarchas quieren exponer ante ti
tus locos sueños y acariciarlo todo de pigmentos.

Almogía

Almogía, flor bravía
de sierras y cielo abierto,
de empinadas callejuelas,
ventana del universo.

Tus horizontes lejanos
no me caben en un verso.
Montes, montes almendrados
y palmitos, y silencios.

El viento entra en tu casa
como un antiguo viajero
trayéndote en sus baúles
aromas de mar, romero…

Y tú te vistes de novia.
Tu verde mata de pelo,
llena de flor y ondulada,
se impregna del olor nuevo.

Y tus gentes se acicalan.
Y todo canta en el pueblo.
Almogía, flor bravía,
ventana del universo.

RONDA

Ronda poética sueña
a la luz de las estrellas.
El Tajo es como una niña
que blandamente durmiera.

Ronda poética sueña,
y en su soñar de poeta,
Santa María la Antigua
y el arco mudéjar juegan.

Santa María, barroca,
gótica y mudéjar juega
a esconder su San Cristóbal.
Su Cristobalón de viejas.

Y el arco aquel, de aquel día
romano, árabe o mudéjar,
donde pasó aquella niña
con su cabellera suelta.

Y no quiso decir nada,
pero guarda aquel secreto,
el de aquellos ojos dulces
y aquel extraño silencio.

¿No has oído que al pasar
quiso decir su misterio
y se oyó como un rumor
de viejas piedras y viento?

Santa María se pierde
en un recodo del tiempo
y el arco mudéjar queda
custodiando su secreto.

Ahora, la plaza de toros,
el día de Pedro Romero
toma cuerpo y ya se oyen
los aplausos hacia el diestro.

La plaza estaba encendida,
el sol en ascuas y ¡aquello!,
aquel temblor de columnas
que escribió su historia a fuego.

La plaza hoy duerme tranquila
su desnudez de toreros,
y sus columnas barrocas
besa romántico el tiempo.

Ronda de noche. Poesía
que se escapa por las calles,
rumores de amor y viento,
melodías que nadie sabe.

Ronda poética sueña
a la luz de las estrellas.
El Tajo es como una niña
que blandamente durmiera.

El Tajo, los baños árabes,
Santa María la Vieja.
Cada recodo de Ronda
encierra una historia nueva.

Si tú pudieras hablar,
antigua Ronda serena.

QUE TE SOÑÉ

Que te soñé. No sabía,
Ronda, por qué te soñaba,
si era tu cara un ensueño
y tu cuerpo de gitana
estremecía en rumores
de tus noches embrujadas.

Que te soñé. No sabía,
Ronda, por qué te soñaba.

GRANADA

Granada, tierra embrujada
por suspiros de poetas.
La luna en el Albaicín
dicen que nunca se acuesta
sin subir al Sacromonte
y morir por peteneras.

Granada, vega florida
de silencios y de huertas.
Darro y Genil se estremecen
al poder regar la tierra
que Lorca proclamó al mundo
como eterna compañera.

Granada, la señorita
que tiene Sierra Nevada
como peineta, y encajes
de blonda son sus enaguas
entretejidas de amores
blanco y nácar de la Alhambra.

Granada, mágica y mora.
Granada, bella sultana,
recóndita y recoleta.
Sombras, y luces, y escarchas.
Jardín del Generalife
donde ríe y llora el agua.

¿Cómo no llorar por ti,
cuando te perdió, Granada,
con tu esencia de jazmines
de albahacas y naranjas?
Cada día llora y llora
el rey Boabdil por su amada.

ALMUÑÉCAR

Sombras de luz. Fantasmas sin sentido.
Solo el mar. Siempre el mar ante mis ojos.

Sarmientos transparentes en insólitos
parajes de pinares escalados.

Pero siempre está el mar. Siempre se huele,
y se otea, y se palpa en bellas calas.

Almuñécar salobre y marinera.

Verde, blanca, turquesa y… gaviota,
que del monte a la mar detiene el vuelo.

SALOBREÑA

Hermosa Salobreña ¡adelantada!
Vigía de la mar, colina blanca.
Antigua fortaleza cuyas piernas
sumergen en la mar sus largos dedos.

Tu cabello ondulado se adormece
en colinas doradas. Tu ancha mano
se hace mar en la mar,
monte en el monte.

MOTRIL

Motril, la plaza y el copo.
Motril, el monte y la playa.
Puestos repletos de especias,
de flores desparramadas.
Cerámica blanca y verde,
y azul, sueña con Granada.

Está la sierra tan cerca
que hasta quisieras tocarla
y teñir con su blancura
todo tu cuerpo y tu alma,
hundir tus pies en la blanda
nieve de Sierra Nevada.

Pero está la mar tan cerca
que hasta se siente y se palpa,
y te sumerges con una
sirena siempre soñada
en una playa turquesa
que tiene corona blanca.

En una Sierra Nevada
que tiene los pies de agua.

PATIOS, MÚSICA Y POESÍA

Y te soñé. Tengo la certidumbre
de haber sido la eterna peregrina.
Habité tu recinto. Se diría
que fui reina en tu reino en otro tiempo.

Tus esbeltas columnas conventuales
han tejido la urdimbre necesaria
y hay en ese sosiego mil silencios
que visitan mi casa cada noche.

Es preciso adormecer tan solo
la parte más externa de mi alma.
Entonces llegas tú. Oigo tu risa
y me adentro en tu muda superficie.

Suelo adentrarme sola. Se diría
que tu ruta es mi ruta. Me estremezco
cuando de pronto descubro en tu cara
mi eterna compañera de viaje.

LA CASA VIEJA

Rotos los cristales, las porteras viejas.
La luz de la campana desprovista
de la luz que otros años alumbrara
las noches de verano en la familia.

Ahí sigue mi casa, nuestra casa viva,
la que oyó gemidos, la que vio sonrisas,
la que aprisionaba mis sueños de niña,
la que cobijaba, tierna, nuestros días.

Una extraña pena ha entrado en mi pecho
cuando te he mirado y he visto tus techos.
Tu mudo tejado me ha gritado dentro
y solo he sabido mirarte en silencio.

Ahí sigue mi casa, nuestra casa vieja.

VISITA A CÓRDOBA

Pasear por tu judería
ver los vestigios romanos
que dejó tu historia escrita.
Y un Séneca vigilante,
orgulloso y legendario,
que al puente romano mira.

Adentrarme por tus patios
y escuchar la melodía
de colores y de fuentes,
y la frescura bendita
de muros en que la yedra
juega a trepar. Celosías,
hechas de azul matemático.

CASABERMEJA

Tienes las casas bermejas
de tanto estar en la sierra.
Pasean por tu cintura
mil lirios y madreselvas,
y se detiene la noche
a contemplar tus estrellas.

VÉLEZ-MÁLAGA

Vélez-Málaga la bella,
tierra donde el mar se avega
para escuchar con orgullo
el rumor de la caléndula.

Venimos de tierra adentro,
donde el mar ni se adivina,
pero se sueña y se siente
entre el trigo. ¡Bobadilla!

No podemos ofrecerte
grandes tesoros, traemos
con nosotros el teatro
de los niños y estos versos.

La obra que se representa
es un actual romance,
en el que risas y lágrimas
corren por un mismo cauce.

De tu clemencia esperamos
que nos sepas disculpar.
«¡Silencio, cámara, acción!».
El teatro va a empezar.

ANDALUCÍA

Andalucía. Señora
que pasea por las playas
de tantas bellas culturas
que conforman su semblanza.

Andalucía se mece
en el columpio de plata
que tejieron tantos pueblos
dándole su idiosincrasia.

Los fenicios, los romanos,
los griegos. Todas las almas
que convivieron en ella
dejando su huella clara.

Los árabes nos legaron
la hermosura de la Alhambra,
la magia de la Mezquita
donde duerme la sultana.

Andalucía es un pueblo
que sabe vivir en calma,
que dialoga, que pasea,
con una cultura sana.

Los pintores, el flamenco,
adornan tan bien su cara
que no hay otra más bonita.
Tierra con tanta elegancia

que cada provincia tiene
a las puertas de su casa
un lugar donde acoger
al peregrino que pasa.

Andalucía es cultura,
es armonía y se palpa
en el sentir de sus gentes
el buen vivir, la templanza

que tantos pueblos nos dieron
dejándonos la constancia
de tanta y tanta cultura,
de la armonía y la calma.

Andalucía se mece
en el columpio de plata
que tejieron tantos pueblos
dándole su idiosincrasia.

Índice

Sobre la autora

Mi nombre es lo de menos, quizás un accidente familiar, pero nací poeta. Escribo desde que tengo memoria de ello. Con ocho años escribía teatro. Hacia los doce la poesía me hizo su prisionera y tuve que seguirla. A los catorce, y bajo seudónimo, me publicaron dos poemas en el periódico local. Tengo un tercer premio por mi poesía "El mar" en el certamen de poesía de Archidona, y un premio en Cantillana (Sevilla) por una copla, de la que me siento orgullosa, porque soy andaluza.

He publicado dos libros, *Habitación contigua* y *Mar sin orillas*. He participado en el homenaje a León Felipe de la Academia Iberoamericana de Poesía en 1994, tras la Expo 92, así como en todos los eventos de poesía que se han celebrado en Antequera. Soy natural de Antequera, donde vivo. Tengo más años de los que quisiera, soy maestra, estoy casada, tengo dos hijos y dos nietos. Y todavía me emociona la poesía.